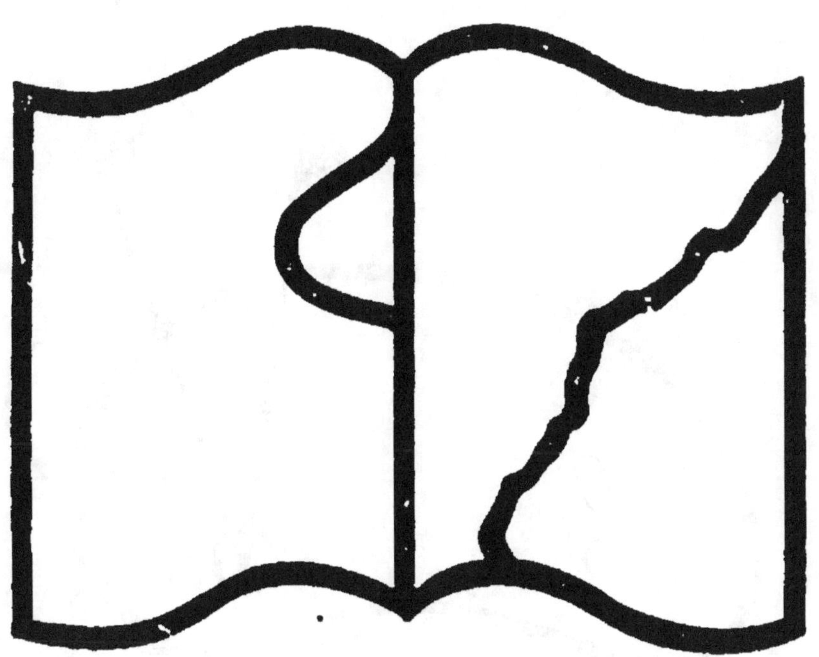

Texte détérioré — reliure défectueuse

NF Z 43-120-11

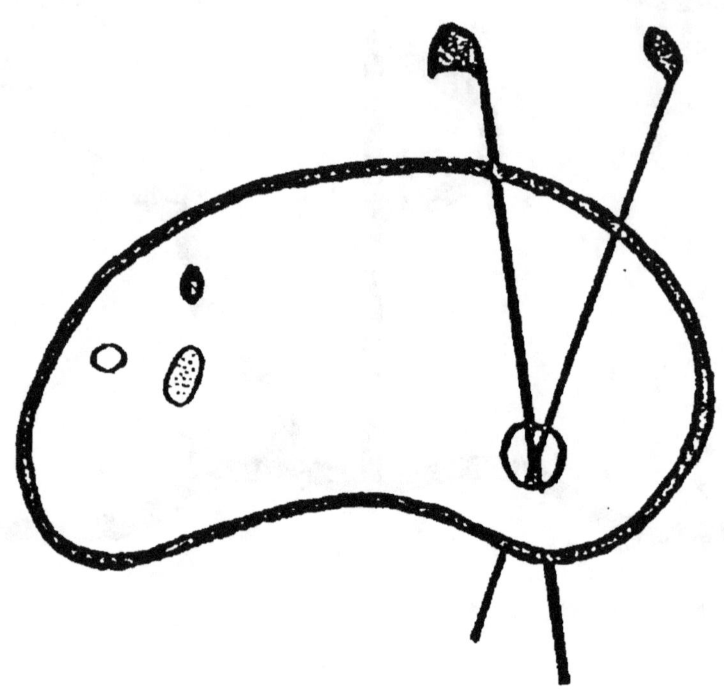

DEBUT D'UNE SERIE DE DOCUMENTS
EN COULEUR

Les Profiteurs de la Guerre

Prix 0 fr. 50

Édition du Journal "Ce qu'il faut dire..."

Publication mensuelle - Novembre-Décembre 1917

69, boulevard de Belleville --- PARIS (xi')

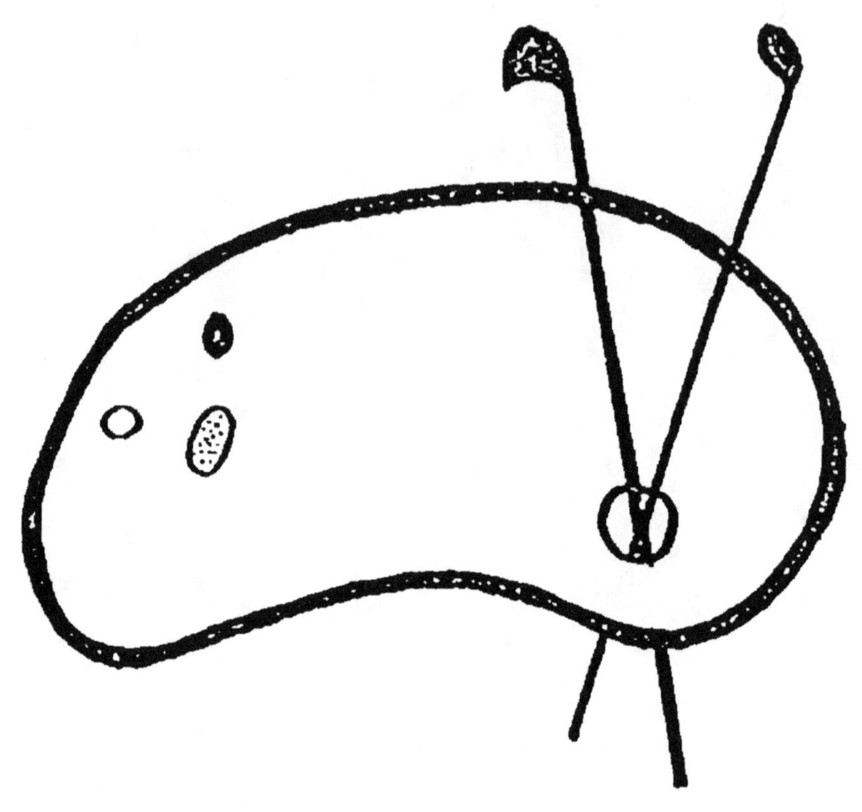

FIN D'UNE SERIE DE DOCUMENTS
EN COULEUR

Les Profiteurs
de la Guerre

par **MAURICIUS**

Publication mensuelle du Journal *Ce qu'il faut dire...*

NOVEMBRE - DÉCEMBRE 1917

Numéro 6

Les Profiteurs de la Guerre

Quand, sur les routes d'Afrique, un convoi de Bédouins ou de disciplinaires traverse les hauts plateaux, on peut voir dans l'air translucide des points noirs se mouvant lentement à des hauteurs incroyables. Ces points sinistres qui tachent de deuil la splendeur du ciel, ce sont des vautours-fauves. Malheur à qui tombe sur le sol brûlant — bêtes ou gens — le vol des rapaces s'abat sur lui avec des cris horribles.

Trop lâche et trop prudent pour attaquer l'homme ou l'animal vivant, le vautour-fauve ne se complaît que dans la mort, cadavres ou mourants sont la pature dont il se repaît, l'infection et la pourriture l'attire et il s'en délecte. Aussi la langue expressive des hommes du désert l'a baptisé d'un nom qui tout à la fois le caractérise et semble le flageller : *charognard.*

Quand le soleil brille en les airs sidéraux et que, de la terre fécondée, la vie rayonne et s'épanouit, les charognards rêvent de charniers, de morts entassés par milliers, de chairs qui se décomposent, et dans lesquels, sans effort et sans risques, ils enfonceront avec délices leur bec crochu d'oiseaux de proie.

Ces nécrophages vivent de la mort; la mort les hante et les engraisse, et s'il était en leur pouvoir, ils feraient de la terre un vaste ossuaire dans lequel ils pourraient satisfaire leurs appétits ignobles avec béatitude.

Il n'y a pas, hélas! que les vautours fauves qui vivent de la mort; l'espèce humaine aussi a ses charognards. Et ce sont quelques pages de l'histoire des rapaces à masque d'homme que je vais écrire ici.

L'AFFUT

L'affaire du Figaro

Le 19 avril 1913, le député allemand *Karl Liebknecht* soutenu par le député catholique *Pfeiffer* faisait à la tribune du Reichstag des révélations sensationnelles.

Documents en mains, il démontra que la maison *Krupp* avait un agent nommé *Brandt*, chargé de soudoyer les fonctionnaires de l'Etat-major et du ministère de la Guerre et d'obtenir d'eux, moyennant finances, des dossiers secrets de la plus haute importance, dossiers qu'on retrouvait chez M. *von Dewitz*, sous-directeur de l'usine d'Essen.

Liebknecht poursuivant son enquête découvrit que *Krupp* employait, à des appointements de ministres, un grand nombre d'officiers de tous grades et jusqu'à des officiers généraux et des amiraux, dont la mission consistait à obtenir des commandes pour l'usine d'Essen.

Cette corruption de fonctionnaires n'étant pas encore suffisante pour assurer le développement des armements allemands et la fortune de ce marchand d'outils de meurtre, *Krupp* n'hésitait pas à corrompre l'opinion publique.

Aidé dans sa tâche par les autres charognards allemands, *Thyssen, Mauser, Düren, Waffenfabrik*, etc., il subventionnait un certain nombre de journaux pangermanistes, dont la principale fonction était d'exciter les sentiments chauvins, et de tenir le peuple allemand sous la perpétuelle menace de « l'ennemi héréditaire ». Cet ennemi d'ailleurs variait suivant les saisons. C'était le *Français ou le Russe*, quand *Krupp ou Thyssen* désiraient une commande de mitrailleuses, et c'était l'*Anglais* quand les chantiers de *Stettin* avaient besoin de fabriquer des cuirassés.

Liebknecht révéla un document encore plus grave : une lettre adressée par le directeur de la *Waffenfabrik*, à un de ses agents parisiens.

Voulant obtenir une commande de mitrailleuses que le Reichstag ne semblait pas disposé à approuver, la *Waffenfabrik* qui contrôle à la fois en Allemagne, les usines de *Dœllingen*, les établissement *Düren* et les *Usines Mauser*, en Belgique, la *Fabrique nationale d'armes de guerre d'Herstal* et à Paris, la *Société Française (?) des Roulements à Bille*, trouva expédient d'affoler l'opinion allemande.

Et voici son truc. Elle écrivit à son démarcheur à Paris, rue de Châteaudun, la lettre suivante :

Nous voudrions faire passer dans un des journaux les plus lus de Paris, si possible le *Figaro*, un article dont voici la teneur :

« L'administration militaire française a décidé de hâter considérablement la construction des mitrailleuses destinées à l'armée, et de commander deux fois plus de ces engins qu'elle ne se proposait primitivement. »

Nous vous prions de faire votre possible pour obtenir qu'un semblable article soit accepté.

Pour la Waffenfabrik :
VON GONTARD.

Ce communiqué ne fut pas inséré sous cette forme, mais quelque temps après, et comme par hasard, le *Figaro*, le *Matin* et l'*Echo de Paris*, entamaient un éloge dithyrambique de nos mitrailleuses.

Curieuse coïncidence, à la suite de ces articles et se basant sur eux, le député prussien *Schmidt* dont on soupçonnait les attaches avec la haute métallurgie, interpella le Chancelier de l'Empire et demanda ce que le gouvernement comptait faire pour répondre à la menace française.

Etonnée et quelque peu apeurée, la majorité du Reichstag vota alors et sans discussion une commande considérable de mitrailleuses.

Mesures à laquelle l'Etat français répondit par une augmentation d'armement.

Ainsi, tandis que l'*Echo de Paris*, le *Matin*, le *Temps*, irritaient le public français en citant des extraits des journaux pangermanistes et en particulier la *Post*, dont le principal actionnaire était *Von Gontard* en personne, ce même *Von Gontard*, aidé de sa créature le député *Schmidt* affolait le public allemand en usant du faux et du chantage au patriotisme pour augmenter son chiffre d'affaires.

Quant à la responsabilité du *Figaro* et des feuilles françaises qui, pour des raisons sonnantes, contribuèrent à ruiner les finances de l'Etat, et à mettre l'Europe sur un volcan, uniquement pour permettre aux actionnaires d'*Essen*, de *Mauser* et du *Creusot* de grossir leurs dividendes, l'histoire la déterminera peut-être un jour avec précision.

Ce n'était d'ailleurs ni la première ni la dernière fois que la presse lançait des informations sensationnelles et fausses, sur l'ordre de la finance cosmopolite et des internationaux du blindage.

On se rappelle l'*affaire Liebcher*, révélée par le chef du parti de l'Indépendance *Lovachich* à la Chambre Hongroise en 1913. Des lettres furent lues émanant de *M. G. Calmette*, et de *M. Glasser*, chef de la publicité du *Figaro*, desquelles il ressortait que cet organe éminemment *nationaliste* acceptait la collaboration du sieur *Liebcher*, agent du gouvernement hongrois, moyennant une subvention de 30.000 francs par an, payables en espèces et en publicité d'Etat.

Par ce contrat *Le Figaro* et les lecteurs de ce journal mondain et bien pensant, étaient loin de se douter que tels articles qui paraissaient fleurer le patriotisme le plus pur, émanait du nommé *Liebcher*, sujet autrichien et servait en réalité les louches intérêts de la finance austro-boche.

L'Affaire Poutiloff

Le bruit court que les usines *Poutiloff* de Saint-Pétersbourg,

Le 27 janvier 1914, *L'Echo de Paris* publiait un télégramme de *Saint-Pétersbourg* qui disait :
viennent d'être achetées par *Krupp*. Si le fait est exact, il provoquera une vive émotion en France.

On sait en effet, que le gouvernement russe a adopté pour son matériel d'artillerie de terre les systèmes français.

Jusqu'à présent, la plus grande partie de ce matériel avait été construite aux usines Poutiloff avec le concours du Creusot et le personnel français fourni par lui.

Ce télégramme provoqua, en effet, une émotion intense. Le public, toujours ignorant et jobard, crut que le secret des canons français allait tomber entre les mains de la Prusse.

A vrai dire, ce secret était celui de Polichinelle puisque déjà, à cette époque, les usines françaises fabriquaient le canon de 75 à la fois pour l'Italie (qui appartenait à la Triple-Alliance) et pour la Bulgarie.

Mais il fallait bien alimenter la passion publique, et rien n'est si favorable que les choses secrètes et les mystères pour passionner l'opinion publique.

En réalité, il ne s'agissait ni de sauvegarder le secret du 75, que tout le monde connaissait, ni d'empêcher *Krupp* de pénétrer chez *Poutiloff*, pour la raison bien simple qu'il y était depuis longtemps.

Il s'agissait seulement de faire pression sur un groupe de banques françaises pour les obliger à financer une affaire dans laquelle le Creusot avait de gros intérêts. Et comme ces banques résistaient, on leur forçait la main.

Dès 1910, en effet, l'usine *Poutiloff*, incapable de fabriquer par elle-même les commandes de l'Etat Russe, s'aboucha avec la banque de l'*Union Parisienne* qui lui prêta 24 millions, avec *Schneider*, qui lui fournit les plans du canon de 75, les ingénieurs et les techniciens nécessaires, et avec *Krupp d'Essen* qui lui livra les secrets de l'artillerie lourde allemande et le personnel compétent.

De sorte qu'aux usines *Poutiloff* travaillaient côte à côte : ingénieurs et ouvriers français et allemands sous le contrôle d'administrateurs et de financiers dont les uns appartenaient au groupe de l'*Union Parisienne* et les autres s'apparentaient à la *Deusche Bank*.

Mais lorsqu'en 1912 le gouvernement russe entreprit la réorganisation de sa flotte, pour laquelle étaient prévus des crédits de 3 milliards, toute la métallurgie internationale se rua sur le marché.

Deux combinaisons se trouvaient en présence : l'une des maisons anglaises *Vickers, Armstrong et John Brown*, appuyés par la *Banque française de Paris et de Pasys-Bas*, et la *Société Générale*; l'autre, composée du *Creusot*, de la maison *Blohm und Voss* d'Hambourg, de *Krupp* et de la firme autrichienne *Skoda*, appuyés par la banque de l'*Union parisienne* et DEUX BANQUES AUSTRO-ALLEMANDES.

Mais la *Douma*, désireuse de donner un essor à l'industrie nationale, avait obtenu des commandes extrêmement importantes pour l'usine Poutiloff.

L'usine *Poutiloff* avait besoin d'argent et de matériel et il s'agissait de savoir lequel des deux groupes étrangers serait assez puissant pour mettre la main sur l'entreprise.

On apprit bientôt que la *Banque privée de Saint-Pétersbourg* avait offert à *Poutiloff* l'augmentation de capital demandé. Or, la *Banque privée de Saint-Pétersbourg* était administrée par M. le comte Olivier d'Ormesson, MM. *Bardi de Fourton, Colette, Davidof*, des Chantiers de *Nicolaïef*, le vicomte de Breteuil, M. *Bousquet*, du Crédit Mobilier, et M. *Loste*, vice-président du *Crédit français*, présidé par M. PAUL DOUMER, également administrateur de *Nicolaïef* et qui avait créé en Russie, avec les fonds de la *Société générale* et de la BANQUE IMPÉ-

RIALE ET ROYALE DES PAYS AUTRICHIENS, *l'Union des Industries métallurgiques et minières.*

C'était, si cette combinaison réussissait, le groupe *Vickers, Société générale,* qui l'emportait.

Schneider s'affola, il demande des crédits à l'*Union parisienne* qui refusa; il s'adressa alors à son associée, la *Skoda autrichienne,* qui fournit le concours de la *Kréditanstallt* de Vienne, mais cela ne suffisait pas. Il fallait autre chose.

Or, à ce moment se négociait à Paris, par l'entremise de la *Banque de Paris et des Pays-Bas,* le grand emprunt russe de 650 millions.

Pour qui connaît la psychologie du rentier français, on sait quelle atmosphère de calme, de quiétude et de confiance il faut pour qu'il troque son or contre du papier.

Schneider joua le grand jeu. Il fit publier dans l'*Echo de Paris* la dépêche qu'on a lue.

C'était affoler l'opinion, faire croire que le tzar lâchait l'alliance franco-russe et que le kaiser allait connaître nos secrets militaire : c'était la ruine de l'Emprunt.

La *Société générale* et la *Banque de Paris et des Pays-Bas* auraient pu répondre que la *Banque de Saint-Pétersbourg,* dans laquelle figurait, il est vrai, la *Darmstaeder Bank,* mais dont les administrateurs étaient presque tous français, offrait au moins autant de garantie patriotique que les associés de *Schneider :* *Blohm und Voss, Skoda Krupp* et la *Kréditanstallt* de Vienne.

Mais il y a des chose qu'il est préférable de tenir cachées, des voiles qu'il est imprudent de soulever.

Une entente intervint. L'argent fut fourni, partie par les groupes de la *Société générale,* partie par l'*Union parisienne,* et le groupe *Creusot-Essen* garda le contrôle technique des usines Poutiloff.

Aussitôt cette convention passée, la Presse à tout faire calma l'opinion qu'elle avait soulevée, l'*Echo de Paris* déclara que l'événement avait été exagéré, le *Temps* vitupera les correspondants de journaux trop fébriles dans l'envoi de leurs dépêches et M. *Doumergue,* président du Conseil, déclara que « l'incident était réglé au mieux des intérêts de la France ».

J'ai tenu à expliquer l'affaire *Poutiloff*, mais il y en a cent de pareilles.

Il faut que le public se rende compte de la puissance de ses véritables maîtres : les grands industriels et les financiers qui ont à leur service la presse, les parlements et les diplomates, quand ce ne sont pas les gouvernants et même les rois, et qui disposent de l'or et de la vie des peuples.

Dans un numéro de février 1913, le *Miroir* publiait les photographies de *M. Henri Schneider*, de *M. Edir Vickers* et de *Mme Bertha Krupp;* il aurait pu y ajouter ceux des rois de l'acier américain, de quelques financiers cosmopolites, et le lecteur aurait eu sous les yeux ceux qui déplacent à leur gré les pièces de l'échiquier du monde et qui, pour faire leur adversaire échec et mat, n'hésitent pas à sacrifier les « pions », les « cavaliers », et, quand il le faut, les « tours et les « rois ».

Le *Miroir* donnait sous ces portraits certains détails dont voici un passage :

Autour de la petite forge ancestrale du *Creusot*, se sont groupés peu à peu des aciéries, des ateliers, des mines. La modeste bourgade d'autrefois, s'est transformée en une puissante cité de 50.000 habitants. Le minerai pur, traité dans les hauts fourneaux, puis dans les fours Martin, donne cet acier célèbre que l'on forge sous des pilons de 100 tonnes, ou entre les machoires géantes des presses hydrauliques.

Dans les immenses halls des ateliers d'artillerie, s'alignent de longues files de tours de machines à forger et à rogner. Plus loin, on fabrique des affûts et la pièce à peine terminée, est entraînée vers le polygone de *Villedieu* qui est un modèle du genre.

Mais si étendue que soit l'usine du Creusot, elle ne peut plus suffire depuis longtemps à la production intense que nécessitent les fabrications d'artillerie.

Au Havre, à Honfleur, à Paris même, des installations qui grandissent tous les jours peuvent à peine fournir les corps des canons, les obus et tous les accessoires que comporte l'établissement d'un matériel de campagne complet.

Entouré d'un état-major recruté parmi les spécialistes les plus éminents en métallurgie, *M. Henri Schneider*, le géant de cette gigantesque entreprise, assume *seul* une des plus lourdes responsabilité qui existent.

Appuyé sur une armée de 40.000 hommes, il représente un des éléments vitaux de notre défense nationale.

Or, cet élément vital de la défense nationale n'hésitait pas à s'associer dès 1907 avec *François Burgers, Georg. Belgrat Frielenghaus,* et *Fritz Thyssen,* c'est-à-dire avec les trois grands pirates allemands : *Krupp, Thyssen* et la *Gelsenkirchen* pour l'exploitation du Maroc comme il s'associa plus tard avec *Krupp, Skoda, Blohm und Voss* et la *Kréditanstall* pour l'exploitation de la Russie.

C'est ce que le *Miroir* ne disait pas, et pour cause, il ne disait pas non plus pourquoi les journaux faisaient systématiquement le silence sur ces agissements, il ne parlait pas du distributeur de publicité du Creusot : *M. de Chambure,* directeur de l'*Argus,* qui dispose annuellement de sommes colossales.

A quoi sert cette manne providentielle? Un journaliste va nous le dire :

— Alors... Supposez une maison dont la fortune est attachée à la guerre, une maison fournissant à la France une partie de son matériel guerrier, une maison par conséquent pour qui la paix, une paix sûre et définitive, serait la fin des bénéfices colossaux qu'elle réalise; supposez en outre une maison fournissant aux puissances étrangères atteintes de la folie des armements tout ou partie de leur matériel militaire. Quel est l'intérêt de cette maison?... En premier lieu, empêcher que la presse entraine l'opinion publique dans les voies du pacifisme et de la réconciliation générale. Plus la discorde sera vive, plus l'atmosphère sera troublée, plus les menaces de conflit s'accuseront, et plus la maison fera d'affaires. En second lieu, opérer sur les Etats étrangers qui contractent des emprunts en France, une pression suffisante pour que ces Etats, en échange de l'emprunt consenti, fassent à « l'industrie française », c'est-à-dire la maison qui nous occupe, des commandes importantes d'armes de guerre.

Ainsi, vous pensez que les « Cocoricos » de nos grands journaux sont payés et que les manigances qui précèdent certains emprunts étrangers sont destinées à rabattre des clients vers le Creusot?...

Et ce journaliste ajoutait :

Ce n'est pas d'aujourd'hui, en effet, que date cette caste de traitants qui ont une part jusque dans les Conseils de Gouvernement. Avant que ne soit déchaînée la guerre actuelle, il y a toute une catégorie de grands spéculateurs qui préparaient le moment de bâtir leur fortune sur la famine, sur la mort, sur le torpillage.

Patiemment, savamment, ils attendaient l'heure propice à la per-
pétration de leurs rapines.

Censuré

La place me manque pour m'étendre plus amplement sur la
puissance colossale des rois de la métallurgie et de la finance.

Qu'il me suffise de dire que le *Creusot* est cadet dans cette
famille des charognards et que, d'un côté le trust anglais composé de *Vickers sons* et *Maxime Armstrong*, *John Brown* et
Cammell Laira, de l'autre le trust allemand *Krupp-Thyssen* et
la *Gelsenkirchen* sont les véritables maîtres de l'heure.

Le trust anglais compte parmi ses administrateurs : 13 lords,
12 membres de la Chambre des Communes, et parmi ses actionnaires 3 princes du sang, 75 lords, 6 archevêques, etc. Il
contrôle 6 grands journaux, subventionne la *Ligue maritime* et
la *Ligue pour le Service obligatoire* (comment donc?)

Il vend des cuirassés et des canons au *Chili*, au *Brésil*, à la
Turquie, contrôle quatre firmes en *Italie*; il a construit et outillé
les usines de Fiume en Autriche, *fondé avec Krupp les usines
Skoda de Pilsen et la Société anglo-allemande de dynamite*.

Quant à *Krupp*, son usine d'*Essen* comptait avant la guerre
300.000 ouvriers; il possède 43 succursales en Allemagne et
fournit lui aussi très internationalement toutes les nations mon-
diales. Ses actionnaires comptent *huit* ministres passés et pré-
sents, *six* princes de la maison royale et l'*Empereur* lui-même
qui a mis une grosse partie de sa fortune dans cette usine d'outils de meurtre. Il a à sa solde une vingtaine de députés et contrôle 38 journaux.

J'arrête cette documentation malgré son intérêt. J'espère que
le lecteur commence à saisir, au moins dans son ensemble, le for-
midable complot mené contre les peuples, et comment ces patriotes du canon, par leurs intrigues, par leur presse, par toutes
leurs créatures stipendiées ont été les grands responsables de la
tuerie affreuse qui ravage l'humanité.

Et tandis que les Français sont fauchés sur les rives du Vardar par le canon de 75 qu'ils ont eux-mêmes construit pour le tzar de Bulgarie, tandis que la torpille que les ouvriers anglais ont fabriqué à Pola et à Fiume pour le compte de l'empereur d'Autriche, coule les cuirassés de Georges V, les métallurgistes de *la Ruhr*, habillés en soldats, se voient anéantis par les obus de 320 que leur patron *Krupp* a façonnés chez *Poutiloff*.

Mais qu'importent aux nécrophages. Plus ils armaient les nations rivales et plus ils obligeaient leur propre pays à augmenter ses armements. Plus ils poussaient à une paix formidablement armée, et plus ils précipitaient l'heure de la curée, l'heure où sur les ruines du peuples, sur le massacre universel, sur les morts entassés par milliers, ils pourraient eux, les charognards, enfoncer leurs serres d'oiseaux de proie avec les cris sinistrement joyeux que poussent les vautours fauves sur les monts de l'Atlas.

LA CURÉE

Et elle est venue, abondante, la curée chaude, celle qui se sert, à pleines gueules, sur les lieux mêmes où l'on vient de saigner la bête qui pantele encore.

Des chiffres, oui, c'est l'heure d'apporter des chiffres.

En voici, terribles comme des réquisitoires, décisifs comme des couperets de guillotine :

Société métallurgique de l'Ariège

Chiffres d'affaires :

        1913-1914 .... Fr.   5.710.946   »
        1914-1915 ....   14.295.330   »

sans aucune augmentation de capital.

Forges et Aciéries de la Marine d'Homécourt

Cette maison a sept hauts-fourneaux à *Homécourt* (Meurthe-et-Moselle), et deux usines à *Saint-Marcel* et *Hautmont* (Nord) dans les régions envahies. Il ne lui reste que deux usines en activité, celle du *Boucau* (Basses-Pyrénées), et de *Saint-Chamont* (Loire).

Cela ne l'a pas empêché de réaliser en :
Bénéfices nets :
    1913-1914 .... Fr. 5.261.269 »
    1914-1915 .... 6.813.502 » ·
En 1917, le conseil d'administration décide de distribuer aux actionnaires un dividende de 21 millions.

Ateliers et Chantiers de la Loire

Bénéfices nets :
    1913-1914 .... Fr. 2.014.163 »
    1914-1915 .... 2.723.274 »

Société des Moteurs Gnome et Rhône

Cette Société a commencé par rembourser en 1914 la totalité du capital à ses actionnaires, son nouveau capital est donc entièrement composé des bénéfices.
Ces bénéfices en 1913-1914 étaient de Fr. 8.640.175 »
    — en 1914-1915 —   —   11.765.000 »
    — en 1915-1916 —   —   14.167.000 »
Il a été distribué par action :
    En 1915 : 100 francs de dividende.
    En 1916 : 250 —   —
A titre extraordinaire, l'assemblée générale de 1917 décide la distribution d'une somme de 22.125.000 francs à prendre sur les fonds de réserves spéciales à raison de *1.500* fr. par action.
Or, l'action Gnome a été émise à *100* francs.
Ces bénéfices extravagants ont été réalisés avec un capital de « 1.475.000 fr. » et ce n'est qu'au mois de juillet dernier qu'on a augmenté le capital (réservé aux actionnaires anciens) pour ne pas payer l'impôt sur les bénéfices de guerre.
L'action Gnome émise à 100 francs valait :
    Décembre 1915 : 2055 fr.
    Décembre 1916 : 3000 fr.
    Juillet 1917   : 4190 fr.
    Septembre 1917 : 4600 fr.
Soit une augmentation de 4 500 p. c.

Moteurs Salmson

Le capital est de 2.400.000 fr. Les bénéfices nets s'élèvent :
En 1915 à 14.000.000 fr.
En 1916 à 26.000.000 fr.
L'action de 100 fr. rapporte 150 fr. de dividende et la réserve est de 35.719.000 fr.

La cote de l'action Salmson est aujourd'hui de 1.725 fr., soit une augmentation de 1.625 p. c.

Chantiers de Bretagne

Cette société à la veille de guerre allait être déclarée en faillite. Ses bénéfices depuis se sont chiffrés :
En 1914 par 244.000 fr.
En 1915 par 562.000 fr.
En 1916 par 1.246.000 fr.
A signaler dans ce rapport du Conseil d'administration ces phrases significatives :

En résumé, la Société des Chantiers de Bretagne avait été surprise par la guerre à un moment assez critique; elle a trouvé fort heureusement dans l'utilisation de ses ateliers pour les fabrications de la Défense Nationale l'occasion de réaliser des bénéfices, lui permettant d'améliorer sa situation financière et lui faciliter l'obtention de nouvelles ressources destinées au développement de sa puissance industrielle.

L'exercice 1917 donnera sans doute des résultats supérieurs aux précédents et, d'ailleurs l'arrivée des troupes américaines va contribuer à accroître l'activité de la Société, car ses chantiers sont bien placés pour les réparations ou les travaux urgents qu'entraîne le trafic nécessaire au ravitaillement du corps expéditionnaire. L'avenir apparait donc plein de promesses. La spéculation a d'ailleurs déjà largement escompté ces perspectives favorables.

Allez donc, c'est pas ton père, et vive l'Amérique!

Commentry-Fourchambault

Cette société a vendu en 1915   8.402 tonnes de charbon
Elle en avait vendu en 1914 ... 835.447   —   —

Elle a vendu en 1915   79.029 t. de produits métallurgiques
Elle avait vendu en 1914 82.724 ton.   —

Sa production a donc été en 1915 de beaucoup inférieure à celle de 1914.

Or, en 1914, elle avait réalisé un bénéfice de 4.632.983 fr.
      en 1915 elle réalisa un bénéfice de   6.970.800 fr.

Il résulte du bilan que cette Société a actuellement en actif disponible : 22.448.497 francs.

L'action émise à 100 francs rapporte 70 francs.

Etablissements Hutchinson

L'assemblée du 28 février 1917 déclare un bénéfice net de 2.923.620 francs contre 2.531.221 francs en 1915, mais le bilan ajoute que l'actif disponible qui était :

En 1915 de .... Fr.   16.273.431   »
En 1916 de ....   18.057.225   »
Est en 1917 de ....   25.153.000   »

et ce bilan conclut très naïvement :

« Les bénéfices réels sont donc très supérieurs à ceux qui ressortent des comptes, ils donnent la mesure des progrès réalisés par la Société pendant la guerre ».

Compteurs et Matériels d'Usines à Gaz

Cette compagnie est une des plus puissantes entreprises que nous ayons en France, elle possède des succursales importantes à *Bruxelles, Strasbourg, Vienne* et *Leipzig.*

Dans le rapport du Conseil d'administration, il y a des choses curieuses.

On y lit :

« Ces centres (Bruxelles, Vienne, etc.), ont tout naturellement été mis sous séquestre, et la Société éprouve de ce fait un préjudice sous forme de manque à gagner. Quant aux dommages directs que ces établissements pourront subir, ils sont plus discutables, et on ne voit pas trop pour quelles raisons les Allemands détérioreraient des usines situées dans leur propre pays, appartinssent-elles à des Français. »

Evidemment, la sagesse des nations l'avait bien dit : *Les loups ne se mangent pas entre eux. Ils se contentent de manger les moutons.*

D'ailleurs en travaillant pour la Défense Nationale, la Compagnie ne perdait pas nos temps.

Ses bénéfices s'élevaient :

1912-1913 (avec toutes ses succ. fran. et étrang.) 9.318.000
1913-1914 (sans succ.étr.et sans la fond.de Lille) 10.603.000
1914-1915   11.492.000
1915-1916   19.833.000

Et le rapport commente :

Dès l'exercice 1914-1915 les fabrications de guerre venaient apporter un appoint considérable de bénéfices. En 1915-1916 cet appoint a été encore plus important et les bénéfices bruts atteignent presque le double du chiffre de 1913-1914.

Le fonds de roulement, qui s'élevait à 44 millions, en chiffre rond, au 30 avril 1914, était passé à 82 millions au 30 avril 1917 et le passif envers les tiers qui ressortait à 15 millions en 1914, était de 30 millions en 1917; l'excédent du fonds de roulement sur ce passif s'établissait à 29 millions en 1914, il atteignait 52 millions en 1917, et l'on peut dire que, dans cet intervalle de trois années, la situation financière s'est renforcée de 23 millions, grâce aux seuls prélèvements sur les bénéfices.

En résumé, la situation de la Société des Compteurs et Matériel d'Usines à Gaz est aujourd'hui plus puissante qu'elle n'a jamais été et les perspectives d'avenir lui sont entièrement favorables.

Dernier cours de l'action : 2.490.

Tout va bien, comme dit Pangloss, dans le meilleur des mondes possibles.

Compagnie du Bi-Métal

Bénéfices nets en 1913 .... 873.945 fr.
En 1914-1915 .... 7.086.152 fr.

Cette Société a un capital de 2 millions et ses bénéfices en 1917 ont permis de constituer une réserve de *19 millions.*

Etablissements Hotchkiss

Bénéfices en 1913 . . . .   861.074 fr.
Bénéfices en 1915 . . . .   6.303.493 fr.

Il est vrai que la Société Hotchkiss a comme administrateur
M. . . . .   (*Censuré*)

Chargeurs réunis

Bénéfices :

    1912-1913 . . . . . Fr.   3.127.000 »
    1915-1916 . . . .   19.916.453 »
    1916-1917 . . . .   30.727.111 »

On voit que les compagnies maritimes ne le cèdent en rien
aux métalurgistes.

Les dividendes distribués aux actionnaires étaient par action :

    En 1913. . . . .   5.25
    En 1915. . . . .   25. »
    En 1916. . . . .   75. »
    En 1917. . . . .   100. »

Et encore le conseil d'administration malgré les prélèvements
et amortissements habituels, se montre très embarassé d'une
somme de 15 millions représentant l'excédent des bénéfices.

Quand on pense que ces sommes fabuleuses ont été prélevées
sur le fret, c'est-à-dire sa majeure partie sur le transport des
denrées indispensables à de millions d'hommes, on peut dire que
les bénéfices fantastiques des compagnies maritimes constituent
non un scandale, mais un crime.

Société Franco-Néerlandaise de culture

Bénéfices en florins :
    En 1915. . . . .   565.642. »
    En 1916. . . , ...   874.763. »

A signaler dans le bi an cet aveu significatif :

« Le prix de revient du caoutchouc s'est maintenu à 0 fr. 93
mais le prix moyen de vente est monté de 2 fr. 25 à 3 fr.

Etablissements Renault

On n'a pas oublié le terrible accident de Billancourt qui se chiffra par près de 100 ouvriers tués ou blessés.

Cet accident était dû à la rapacité de M. *Louis Renault*, l'introducteur en France du système *Taylor* qui transforme l'homme en une machine automatique et le tue en 10 ans. M. *Renault*, pour s'éviter des frais d'architecte a construit lui-même ses baraquements; il a tellement lésiné sur le fer et le béton, que les trépidations des machines ont provoqué l'effondrement des bâtiments.

Il y a, si je ne m'abuse pas, des articles qui, dans la loi, punissent *l'homicide par imprudence*. Mais les fabricants de munitions sont au-dessus des lois qui frappent uniquement le pauvre diable.

M. *Renault* n'a pas été et ne sera pas inquiété. Les morts vont vite, on les a déjà remplacé par d'autres esclaves qui continueront à tourner sans fin la machine à fabriquer de l'or pour les riches et de la mitraille pour les peuples.

Et cela permettra de daller de marbre l'hôtel de *Mlle Hatto* ou d'offrir un demi-million de perles à *Mlle Chenal*.

Les bénéfices de la maison *Renault* atteignent depuis la guerre près de *cent millions*, sans compter sa succursale de Berlin qui, paraît-il, continue à fonctionner.

Les Grenades

En 6 mois, les industriels de la rue de Tolbiac — 32 morts, 140 blessés — ont réalisé un bénéfice net de 4 millions sur 11 millions d'affaires.

Les Laitonniers

Avant la guerre, neuf grosses laitonneries fournissaient l'Etat : la compagnie générale des métaux, les tréfileries du Havre, les fonderies de Pontgibaud, la Compagnie d'électro-métallurgie de Dives, la Compagnie générale d'électricité, les laminoirs de Biache-Saint-Vaast, les établissements de la Bonneville, la Compagnie du bimétal et les établissements Grammont.

Depuis le début de la guerre jusqu'au 31 décembre 1915, ces établissements ont réalisé, sur 114.404.527 kilos de laiton fournis à l'artillerie et aux munitions, un bénéfice évalué à 89.917.540 francs.

Les petits laitonniers, au nombre de quinze, ont fourni au service des forges un total de 12 millions de kilogrammes de laiton de différentes catégories, avec un bénéfice de 8 millions 400.000 francs; soit, sur les fournitures de tous les laitonniers français au service de l'artillerie et des munitions, un total de plus de 100 millions.

A ce bénéfice de 100 millions, il y a lieu d'ajouter : 1º le bénéfice réalisé sur les achats de l'aviation; 2º sur les achats de la marine; 3º sur la hausse constante des matières premières, etc.

M. Couesnon évalue ces bénéfices divers à 100 millions encore, ce qui fait un total de 200 millions en 12 mois.

Les Fabricants d'Obus

La *Liberté* signale avoir en main le bilan d'une firme qui en un an, sur *36 millions d'obus, a gagné 18 millions.*

Le député *Mistral* signale à la Chambre des députés (8 juin 1917) des prospectus adressés par des banquiers indiquant qu'en souscrivant 25.000 francs on est certain de rentrer dans son capital après 6 mois, de toucher 33.000 francs de bénéfices et de continuer à toucher ainsi pendant toute la durée de la guerre.

La Vieille Montagne

La *Vieille Montagne* est le seul producteur de zinc pour la France.

En temps de paix, le zinc extra employé pour les usines de guerre se vendait 63 francs les 100 kilos; en janvier 1915 133 fr. 25; en juillet 1915 320 fr. 55; en mars 1916 332 fr

Cette hausse que rien ne justifie, sinon la rapacité des actionnaires de la *Vieille Montagne*, s'explique en banque par la nécessité de ne pas vendre moins cher que les zincs qui viennent d'Amérique???

Lés Aciers

Pour les aciers qui nous viennent de l'étranger, nous sommes obligés de subir l'exigence des vendeurs; mais pour ceux qui sont tirés de notre sous-sol avec la main-d'œuvre nationale mise à la disposition des compagnies par l'autorité militaire, les cours sont les mêmes, et cette situation va jusqu'à soulever les plaintes du syndicat des mécaniciens-chaudronniers et fondeurs de France, dont le rapporteur, dans le bulletin mensuel d'avril 1916, déclare : « Les constructeurs ne doivent pas perdre de vue que la construction allemande paye actuellement 14 francs les aciers que la métallurgie française nous fait payer 70 francs, cinq fois de plus. »

Le Fret

Le numéro du *Fair Play* du 10 janvier 1916 signale le bilan d'une compagnie qui, tandis que sa flotte est évaluée à 190.000 livres, est arrivée à faire pour 1915 le bénéfice de 137.000 livres, celui d'une autre, page 231, dont la flotte était évaluée à 148.000 livres et dont le profit net des voyages est évalué à 249.000 livres.

« Les navires, au lieu d'être vendus en raison du fret passé, sont vendus en raison du fret présent, de sorte que tel navire, valant 100.000 livres, s'est vendu 4 à 500.000 livres. »

Et M. Bouisson d'ajouter : « Il y a des courtiers qui gagnaient 300.000 francs par mois. »

Ceci a lieu en Angleterre; mais M. Durandy, après avoir démontré que l'augmentation excessive du fret n'est point due aux exigences du personnel dont il fit l'éloge, précise les principales étapes de cette augmentation :

« Si nous prenons, dit-il, notre premier port maritime, Marseille, nous voyons que le fret avec l'Angleterre, qui était avant la guerre d'environ 8 fr. 50 par tonne, à la fin de 1915 était de 75 francs, et ces jours-ci, il est monté à plus de 130 francs la tonne. »

M. Durandy ajoute qu'avant la guerre, nous payions environ 350 millions par an à l'armement étranger et qu'en 1915 nous avons payé plus de deux milliards, dont les trois quarts sont allés en Angleterre.

M. Bouisson évalue à 500 millions les bénéfices réalisés en 1915 par les armateurs français.

Il a cité un armateur ayant un navire valant 1 million réalisant un bénéfice de 2.200.000 francs par an.

Une compagnie a gagné 40 millions depuis le début de la guerre.

Un navire valant 500.000 francs a gagné 1.500.000 francs par voyage. (Discours de Mistral à la Chambre des Députés, 8 juin 1917).

Voilà des raisons à la crise de la vie chère!

Les Compagnies maritimes d'ailleurs ne se cachent pas des avantages qu'elles ont tirés de la guerre, elles s'en vantent même avec cynisme ou inconscience.

Ainsi la *Compagnie Sud-Atlantique* indique à ses actionaires la marche de son exploitation :

Les résultats des deux premiers exercices 1912-1913 et 1913-1914 avaient été franchement mauvais. La situation s'est nettement améliorée à partir de 1915 grâce à la hausse des frets et les bénéfices ont été suffisants pour amortir la perte qui figurait au bilan de 1914.

Le bilan de 1916 fait ressortir une excellente situation financière. L'ensemble des bénéfices s'élève à « 20 millions ».

En résumé, la Compagnie Sud-Atlantique a bénéficié dans une large mesure de la hausse des frets occasionnés par la guerre. Il est permis d'envisager prochainement une distribution de dividendes. *C'est une perspective qui aurait été beaucoup plus éloignée sans les événements.*

On ne saurait parler avec plus de clarté.

Mais il n'y a pas que les actionnaires des compagnies maritimes qui ont intérêt à la continuation de la guerre. Par suite d'on ne sait quelle démence, le Ministre des Finances vient d'augmenter la commission qui est allouée aux courtiers maritimes pour les assurances contre les risques de guerre.

M. *Emmanuel Brousse* dans son discours du 24 septembre 1917 à la tribune de la Chambre a ainsi démontré qu'il y avait des courtiers qui arrivaient à se faire de 60 à 80.000 *fr. par mois* pour l'envoi de quelques dépêches et de quelques lettres qui valent à peine une dizaine de francs.

Ceux-là, sans doute, aussi sont partisans d'aller « jusqu'au bout. »

Les Alliages

(Rapport de M. Dalbiez.)

« J'appelle l'attention de la commission sur les divers procédés employés par les fabricants de barres. Au lieu de composer un alliage de cuivre neuf et de zinc neuf, ce qui est le procédé régulier, ils utilisent la tournure, le décolletage et les hauts de barres. Ils ont ainsi réalisé, depuis un an, des bénéfices considérables qui ont atteint (rien que sur l'alliage) jusqu'au chiffre de 650 francs par tonne, sans compter le prix exagéré demandé pour la transformation. »

Et M. Bénazet d'ajouter que « de graves responsabilités pèsent sur les directeurs de l'administration de la guerre. »

Rien d'étonnant après cela que l'action des *alliages Cothias*, qui valait 92 fr. 50 en 1914, vaille aujourd'hui 290 francs, soit une augmentation de 215 0/0.

Les Marchés de la Guerre

(Discours de M. Fernand Merlin, Chambre des Députés, 8 juin 1916.)

1° *Sabres-baïonnettes.* — Marché passé par le service des forges, pour 100.000 sabres baïonnettes avec fourreau, pour le mousqueton modèle 92, au prix de 26 fr. 66, soit 2.666.000 fr.

Ces mêmes sabres sont fabriqués par une manufacture de l'Etat à 13 francs, avec 150 p. 100 de frais généraux, matière et usinage compris, 23.66—13 = 13.66.

Perte pour le Trésor : 1.200.000 francs.

2° *Bois de fusil noyer.* — La fabrication des armes de guerre exige une énorme consommation de bois de noyer.

Avant la guerre, ce bois était payé de 280 à 300 francs le mètre cube.

Il a été payé par les établissements de la guerre 400, 430 et couramment 450 francs le mètre cube. Le service de l'aviation, qui l'emploie également beaucoup, l'a payé 499 francs.

3° *Gaines relais.* — Plusieurs industriels en ont fourni des millions à 2.25, 4.75, 6 fr. pièce.

Voulez-vous un exemple en ce qui concerne ces gaines relais? Plusieurs industriels en ont fourni des millions à 6 fr. 75 pièce.

Un sous-traitant les fabriquait à 1 fr. 90 et gagnait à ce prix 20 p. 100.

Le prix de revient réel de la gaine est de 1 fr. 50.

Calculez le bénéfice d'une usine sur des millions de gaines.

4° *Caisses a munitions.* — On en a commandé plus d'un million à 25 fr., 23 fr. 75, 23 fr. 20. 19 fr. 75 et 18 fr.

Ces caisses, comptées au prix fort (en majorant les frais généraux de 3 fr. 50 par unité), reviennent au fabricant à 10 fr., telle que leur composition est imposée.

Pour un million et en prenant comme prix moyen 20 fr., il s'ensuit une perte pour le Trésor de 10 millions.

Un officier d'administration en a construit une à 6 fr.

Ces caisses contiennent douze bandes chargeurs de 25 cartouches chacune, soit 300 cartouches tirées en une minute.

Je pourrais continuer à vous donner des chiffres sur les fusées d'obus, les obus et les grenades. Je ne le ferai pas après les scandales révélés ici-même par M. Symyan; vous avez tous présentes à l'esprit les observations si justes qu'il a présentées.

Je tiens cependant à dire, en ce qui concerne l'aviation, que les constructeurs ne payent jamais aux sous-traitants plus d'un tiers de ce que leur paye l'Etat, et que ceux-ci font cependant de brillantes affaires. Un contrôleur de l'Etat m'a donné le renseignement suivant : un appareil complet est vendu généralement 18.000 francs à l'Etat, alors que le prix de revient brut ne dépasse pas 2.500 francs. (*Exclamations.*)

Sur divers bancs. C'est un scandale!

M. Fernand Merlin. — En admettant, pour les frais généraux, 2.500 francs, soit 5.000 francs au total, c'est encore un bénéfice de 13.000 francs que réalisent sur ces appareils de gros industriels.

Autre fait, plus troublant encore celui-là. C'est le prix de revient des fusils.

Dans les manufactures de l'Etat, le fusil modèle 1907, revient à *85 francs.*

Des marchés ont été passés par l'Etat à 145 fr. le fusil.

Je pourrai continuer. M. *Couesnon* et moi avons démontré que, notamment, les fabricants de cuivre gagnaient *200 millions* par an. »

L'Aviation

Dans une autre séance de la Chambre (24 septembre 1917) M. *Emmanuel Brousse* a révélé le fait qu'un indicateur de vitesse, inventé par un officier de l'aviation et, dont le prix de revient maximum était de « 3 fr. 50 » avait été imposé sur tous les appareils de l'armée, même sur ceux qui n'en avaient pas besoin et payé par l'Etat, depuis le début de la guerre, « 42 fr. » chaque. A la suite des efforts de M. *Daniel Vincent* et malgré les résistances du constructeur, cet indicateur de vitesse a été facturé depuis 1917 au prix de « 14 fr. », quoique la main-d'œuvre et les matières premières aient augmenté dans de fortes proportions. On s'imagine ce que ce constructeur a dû, au prix de « 42 fr. », gagner sur ces appareils depuis août 1914.

Et on peut se demander aussi quel degré d'incompétence ou de complaisance, devait avoir les fonctionnaires qui ont passé ce marché.

Il est vrai que le gouvernement avoue lui-même que les constructeurs sont les véritables maîtres du pays, ainsi qu'en témoigne la lettre suivante envoyée par le Ministre de la Guerre au directeur de l'aviation (26 novembre 1916.)

« Lorsque, comme dans le cas du marché *Renault* pour les moteurs et du marché *Farman* pour les hydravions, l'administration de la guerre est obligée de subir les exigences du fournisseur et d'accepter un marché sans avoir reçu une justification suffisante du prix demandé, il est nécessaire de faire l'envoi au fournisseur du marché approuvé, mais il faut spécifier sinon *que le gouvernement est contraint et forcé,* au moins *ce qui revient au même,* que le marché est approuvé en raison des besoins urgents de la Défense Nationale, bien que la justification des prix exigés par le fournisseur soit manifestement insuffisante ou même, comme c'est le cas pour *Renault,* bien que le fournisseur ait refusé systématiquement de faire connaître ses prix de revient. »

Cet aveu d'impuissance gouvernementale, vis-à-vis des profiteurs de la guerre ne manque pas d'intérêt.

Mais me direz-vous, il y a la réquisition?

Ecoutez donc ce qu'en pensent des députés (*Journal officiel,* du 25 septembre 1917) :

M. *L. Tissier.* — Il y a la réquisition, pourquoi ne s'en sert-on pas?

M. *Jean Bon.* — Aucun gouvernement n'en veut.

M. *Brizon.* — Il n'y a que la vie humaine qu'on réquisitionne.

Le Creusot

Les bénéfices totaux du Creusot ne nous sont pas connus, mais le bilan de 1915 portait :

Débiteur pour marchandises .....   55.039.108 fr. 25
et la même rubrique en 1916....,   206.848.339 fr. 42

Ces débiteurs pour marchandises c'est tout simplement l'Etat français. Le compte a quadruplé en un an.

Cela est symptomatique et m'est avis que les actionnaires de la célèbre firme ne seront pas parmi les plus petits des profiteurs de la guerre.

Krupp

Nous avons, par contre, pu nous procurer les bilans de l'usine Krupp, autrefois l'associé, aujourd'hui le rival, demain peut-être encore le « copain » de Schneider.

    Bénéfices 1913-1914 .... Fr.   66.425.922 »
    —   1914-1915 ....   139.272.679 »

Soit une augmentation de 73 millions.

Les bénéfices bruts étaient :

    En 1913-1914 .... Fr.   80.877.330 »
    1914-1915 ....   157.763.688 »

Mais sur cette somme il a été prélevé :

Au profit des familles de morts à l'ennemi Fr.   20.000.000 »
Œuvres d'assistance de guerre ....   4.551.000 »
Amélioration des logements ouvriers ......   6.150.000 »
Secours directs aux familles éprouvées ....   3.790.000 »

Je ne commente pas.

En Amérique

L'*American Review of Review* nous apprend ce que réalisent en Amérique les profiteurs de la guerre.

La *fabrique des poudres Dupont* a distribué à ses actionnaires des dividendes de 200 0/0.

Son action, qui valait en 1913 129 francs, est cotée aujourd'hui 750, soit une augmentation de près de 470 0/0.

La fabrique de *Carney's Point* produit quotidiennement 730.000 livres de poudre sans fumée, chaque livre lui coûte 0 fr. 50, elle est vendue 1 dollar, soit un gain total de 1 million 800.000 francs par jour.

La *Bethleem Stell Company* a réalisé en 1915 un bénéfice de 225 millions de francs.

Une maison Brooklyn fabrique par jour 15.000 obus; chacun lui revient à 7 doll. 10, elle les livre aux alliés à 12 doll. 5, et réalise donc un bénéfice de 5 doll. 4 par obus, soit sur les 15.000 obus 81.000 dollars = 405.000 francs par jour.

Marcellus Dodge, président de la Compagnie Remington, a gagné 60 millions de francs en un an et l'on connaît les noms de 425 nouveaux millionnaires.

Les Banques

Il était évident que, à l'instar de leurs complices les métallurgistes, les banques devaient profiter de la guerre. Nous voyons en effet qu'elles ont réalisé des bénéfices importants.

L'*Union parisienne* a eu, en 1916, un bénéfice de 6 millions 338.608 fr., en augmentation de 1.990.614 fr. sur l'exercice précédent.

Le *Crédit Lyonnais* a réalisé 22.340.096 francs.

La *Société générale* 10.771.000 francs.

Le *Comptoir d'Escompte* 13.057.135 francs.

Le *Crédit Foncier* 19 millions, sans compter une réserve de 18 millions pour risques de prêt.

Il s'est même en temps de guerre, tant les affaires sont fructueuses, monté une nouvelle : *Banque nationale de Crédit*, présidée par l'ancien ministre *Jules Siegfried*, le même qui présidait le *Comptoir Industriel et Commercial* où opérait *Deperdussin*.

Cette Banque, pour ses débuts, a fait un bénéfice net de *5.832.051 francs*. C'est un joli commencement.

Quant à la Banque de l'*Azow-Don*, le total de ses affaires a atteint en 1916 41 milliards et demi de roubles (le rouble vaut environ 2 fr. 50) contre 34 milliards en 1915.

Le bénéfice brut s'élève à 30.840.000 roubles contre 19 millions 600.000 en 1915.

Les directeurs ont touché en roubles 1.060.000, le Conseil 630.607, gratifications (?) 1.891.821.

Dividende 50 roubles, soit *125 francs* pour une action de *100 francs*.

Solde à reporter : 7.843.089 roubles.

Espérons que la Révolution a mis un peu d'ordre dans ces comptes.

Enfin, la *Banque de France* a publié son bilan :
Bénéfices réalisés pendant le premier trimestre de chaque année :
Premier trimestre 1914 .... Fr.   15.226.000   »
—   —   1915 ....   17.882.000   »
—   —   1916 ....   29.226.000   »
—   —   1917 ....   33.616.000   »
Les actions qui valaient en 1914 4.000 francs valent en 1917 5.230 francs.

Et cela me rémémore le discours prononcé par M. René Viviani, député de Paris, le 25 mai 1897 (*Journal Officiel*, 26 mai 1897) :

Dans cette catastrophe générale (1870), où la France a perdu deux provinces, où d'innombrables familles ont perdu leur espoir et leur soutien, où d'innombrables citoyens ont perdu leur pain, leur fortune, leur foyer, où il n'est pas un homme qui n'ait pleuré, qui n'ait saigné, qui n'ait souffert, au milieu de ces misères réunies, une puissance s'est dressée qui a fait de tout cela un profit particulier. A l'heure où l'on dressait le bilan sinistre de tous les hommes disparus, la B. de F. pouvait dresser le bilan fructueux de toutes les sommes accaparées. On a distribué l'année qui a suivi la guerre, 300 francs pour chaque action 30 o/o de dividende. Ah ! même devant la mort, même devant la défaite, même devant la mutilation de la patrie, l'usure, l'usure capitaliste a conservé ses droits. »

L'Ouvrier

Mais, dira-t-on, si la guerre profite aux grands métallurgistes et aux financiers, les ouvriers aussi ont vu leurs salaires augmenter dans de grandes proportions et on cite des spécialistes qui gnent trois fois plus qu'en temps de paix.

Je ne voudrais pas être accusé de partialité ⁄ais laisser parler le *Journal Officiel* (9 juin 1916) :

M. Mistral. — On a prétendu souvent que la situation faite à l'ouvrier mobilisé dans les usines était plus avantageuse qu'en temps normal. Nous disons : non!

Sa situation actuelle n'est pas plus avantageuse qu'en temps de paix : souvent elle l'est moins. Sans doute, on peut citer quelques cas exceptionnels de gros salaires payés à certains ouvriers habiles dans certaines spécialités. On cite des salaires de 8, 12, et même 15 francs par jour et on semble dire que c'est le cas général.

Je me suis livré, et vous pouvez tous le faire comme moi, à une enquête sur les salaires qui sont payés.

A Châlons-sur-Saône, la moyenne des salaires des manœuvres est de 4 fr. 25 ; au Creusot, elle est également de 4 fr. 25.

A Montbard, la moyenne des salaires est de 3 fr. 80, toujours pour les manœuvres ; de même à Guérigny.

M. Eugène Treignier. — Dans ce cas, les allocations sont maintenues aux familles des ouvriers.

Un membre du parti socialiste. — Ce n'est pas exact!

M. Mistral. — Mon cher collègue, c'est une situation aggravantée pour les finances du pays, car les prix payés aux fournisseurs sont les prix forts. L'exploitation de la main-d'œuvre profite à ceux qui l'exercent et non à l'Etat. (*Très bien! très bien!*)

M. Ernest Lafont. — Un certain nombre de nos collègues protestent contre vos affirmations et croient que les allocations sont maintenues aux ouvriers qui gagnent de faibles salaires. Peut-être exceptionnellement ce maintien existe-t-il; mais d'une façon générale, il n'en est pas ainsi.

Aux termes des circulaires et conformément aux pratiques administratives, lorsque les ouvriers, à faible salaire, vivent séparés de leur famille, les allocations leur sont maintenues; mais, lorsque par un sentiment que vous ne condamnerez pas, la famille est venue rejoindre son chef mobilisé ou travaillant à l'usine, l'allocation tombe et la famille se trouve réduite, pour la vie de l'ensemble de ses membres, au maigre salaire dont parlait M. Mistral et qui n'est pas du tout un salaire exceptionnel.

Dans toutes les régions dont il parle, et notamment dans la région de la Loire, que je connais particulièrement, c'est le salaire courant des manœuvres.

Ils vivent — ou plutôt ils doivent vivre, car je n'ose pas dire qu'ils vivent — dans la mesure où leur salaire le leur permet, c'est-à-dire qu'ils n'ont pas, avec le coût actuel de la vie, le moyen de subsister. Ils doivent néanmoins essayer de vivre avec le taux insuffisant de salaire minimum de l'avant-guerre, alors que le prix du logement et de la nourriture a considérablement augmenté.

M. Mistral. — Dans le même ordre d'idées, certain, je peux citer un passage d'une lettre d'un mobilisé employé comme manœuvre au Creusot :

« Nous avons au Creusot 4 fr. 25, puis depuis le 1ᵉʳ mai 4 fr. 50, mais nous ne travaillons pas le dimanche, ce qui met notre journée à 3 fr. 90 puisqu'il nous faut vivre également le dimanche. La vie est chère également au Creusot, aussi chère qu'à Paris. Les chambres les plus modestes valent de 25 à 30 fr. louées par l'habitant qui profite de l'aubaine, car il y a plus de 10.000 ouvriers en supplément du temps de paix. Il est impossible de vivre dans une pension ou un restaurant à moins de

80 francs par mois; il y a en plus les frais de blanchissage et divers, etc. »

Autres renseignements : à Allevard, il y a des chaudronniers — ce sont des spécialistes — ils gagnent 4 fr. 75; les mécaniciens 4 fr. 25, les forgerons de 4 fr. 50 à 4 fr. 75, les ajusteurs 4 fr. 75. Dans une ville que je connais particulièrement, la moyenne des salaires, il y a un mois, était de 50 centimes pour l'ouvrier qualifié, de 45 centimes pour le manœuvre aide-métallurgiste, et de 40 centimes pour le manœuvre proprement dit. Depuis un mois environ, il y a eu une augmentation de 5 centimes l'heure.

Je me suis reseigné d'une façon précise sur chaque cas; j'ai demandé combien il pouvait y avoir de salaires plus élevés que ceux-là, on m'a dit qu'ils ne dépassaient pas 10 p. 100.

Je pourrais vous citer toute une série de localités où les salaires sont de 35 à 40 centimes l'heure pour les manœuvres et où les spécialistes sont payés de 45 à 50 centimes.

Dans une ville que notre ami M. Bedouce connaît beaucoup, Toulouse, les manœuvres sont payés de 35 à 40 centimes. Dans une ville que représente notre ami, M. Paul Constans, Montluçon, nous trouvons les salaires des femmes les plus bas : 15, 20, 25 et 30 centimes au maximum. A Thiers, les femmes sont payées dans les mêmes conditions. A Clermont-Ferrand, elles gagnent de 20 à 30 centimes.

M. Charles Merlin. — Je détache de nombreuses lettres d'hommes envoyés dans les grandes villes à Bourges, au Havre, à Saint-Etienne, à Saint-Chamond et ailleurs les paragraphes suivants :

Des hommes, arrivés après dix-sept heures de voyage dans un grand centre métallurgique, n'étaient même pas attendus. Ils ne peuvent trouver à se loger qu'avec les plus grandes difficultés. La nourriture est hors de prix. Le salaire est de 4 fr. 25 par jour pour un travail de 10 heures.

A Bourges, les manœuvres gagnent 4 fr. 50 par jour. Le logement dans les baraquements humides et sur de la mauvaise paille.

De plus, on fait payer le prix fort pour la nourriture. Je me suis rendu compte de ces conditions lamentables. J'ai pu voir, à Bourges notamment, des mobilisés sous la tente, dans une plaine boueuse, obligés de se rendre tous les jours à l'usine dans de pareilles conditions.

Pour les autres, ils sont livrés à une véritable exploitation des logeurs qui exigent souvent pour un mois et pour une mauvaise pièce ce qu'ils demandaient autrefois pour une année entière.

M. François Lefebvre. — A l'usine *Bouthéon*, à *L'Horme*, le prix de l'heure est toujours de 0 fr. 42, même pour les aides de forge. A *Chambon-Feugerolle*, avec la retenue, le salaire est de 4 fr. 12. Des pensions médiocres demandent 3 fr. 50, si vous ajoutez la chambre et le blanchissage, comment ces hommes peuvent-ils vivre?

J'ai reçu une autre lettre d'un homme de la classe 1889, mobilisé comme garde-voie depuis les premiers jours d'août 1914 et qui, grâce à son âge, a pu être envoyé dans une usine ces jours derniers.

Depuis sa plus tendre jeunesse, il travaille dans les établissements Cail, par conséquent c'est un professionnel accompli.

Il m'écrit pour me demander s'il ne serait pas possible d'intervenir auprès de la préfecture du Nord pour lui faire obtenir un secours.

Son salaire est de 4 fr. 50, sa pension lui prend 3 fr. 50 par jour et il lui faut 13 francs pour payer sa chambre.

Vous voyez donc quelle est la situation de cet ouvrier.

En voici un, mobilisé dans les forges d'Allevard, département de l'Isère; il a un salaire journalier de dix heures à 40 centimes, total : 4 francs; du 1er au 15 inclus, il travaillait 136 heures à 40 centimes, soit 54 fr. 40. Il dépense pour sa pension 3 fr. par jour, 45 fr., et il faut qu'il paye le café supplémentaire, c'est-à-dire 25 centimes par jour. Il paye donc 48 fr. 75; il lui reste sur sa quinzaine 5 fr. 65 pour le blanchissage, le raccommodage, le tabac, etc.

Il ajoute : comment remplacer mes effets usés? et si la pension augmente, le Gouvernement va-t-il nous envoyer la différence pour ne pas faire de dettes?

Tout à l'heure M. Mistral nous montrait les bénéfices énormes réalisés par les industriels de cette région et, dans son rapport, M. Voilin nous montre qu'aux aciéries de Firminy, cette société qui a un capital de 9 millions a pu réaliser 8.573.000 fr. de bénéfices, c'est-à-dire que les bénéfices arrivent à la hauteur du capital.

Il n'est pas douteux, dans ces conditions, que les industriels qui ont à se partager de pareils bénéfices pourront tenir jusqu'au bout, mais il n'en est pas de même pour les travailleurs détachés dans leurs usines.

En ce qui concerne les allocations, voici un exemple frappant. Un mineur de chez nous se trouve mobilisé à Saint-Etienne, il gagne 4 fr. 50 par jour; au mois de janvier dernier, sa femme et sa fille arrivent par le dernier train des évacués; naturellement elles se rendent à Saint-Etienne auprès de leur mari et père; mais celui-ci, qui escomptait le payement de l'allocation, est déçu dans ses espérances; lorsqu'il se présente à la mairie, on lui dit : « Vous gagnez un salaire suffisant, par conséquent vous n'avez pas droit à l'allocation. » Cet homme, qui gagnait 4 fr. 50 par jour, a été alors dans la triste obligation de dire à sa femme et à sa fille : « Malgré les dix-huit mois de séparation forcée que nous avons dû endurer, malgré les souffrances que nous avons supportées dans cette région envahie, malgré la torture morale que j'ai moi-même subie du fait de notre séparation, il faut encore aujourd'hui nous séparer puisqu'ici nous ne pouvons pas toucher l'allocation. » *(Très bien! très bien! sur les bancs du parti socialiste.)*

Dans une autre lettre, je lis :

« Aux usines de Roches-la-Molière, il y a des entrepreneurs qui font travailler les mineurs de chez nous et qui, au lieu de les payer comme les autres, ils les payent à 5 francs par jour, et je vous assure que pour avoir ces 5 francs il faut être ouvrier fait. Sans cela, c'est un salaire de 4 fr. 25 qui vous est payé. »

M. Lauche. —— Que doivent gagner ces chefs d'entreprise, au prix où est le charbon?

Et quand ces ouvriers réclament contre l'exploitation éhontée dont ils sont victimes, on leur envoie les gendarmes et on les emmène ainsi accompagnés comme des malfaiteurs jusqu'à leur dépôt d'où on les dirige sur les tranchées.

Ces citations sont suffisantes pour montrer, qu'exploité par les marchands de soupe et les marchands de sommeil, l'ouvrier l'est encore par ceux-là même qui sont les grands bénéficiaires de la guerre.

Mais je m'en voudrais de clore ce chapitre sans citer un article, paru dans *Le Journal*, de M. Charles Humbert, le 17 septembre 1917.

Censuré

La Loi sur les Bénéfices de Guerre

Emu de ces scandales et désireux de contenter l'opinion publique, le Parlement a, le 1" juillet, voté une loi sur les bénéfices de guerre. Il faudrait que nous fussions bien naïfs et que nous ne connussions pas l'inanité des jeux parlementaires pour nous faire illusion sur son efficacité. S'il y a toutefois des lecteurs qui aiment à toucher du doigt, une fois de plus, la vanité politique, voici de quoi les satisfaire :

D'abord la loi ne parle pas d'une quantité de profiteurs et non des moindres :

Les administrateurs délégués et les directeurs intéressés soit sur le chiffre d'affaires, soit sur les bénéfices bruts, ne sont pas compris dans la loi. Il y en a pourtant qui touchent des tantièmes inimaginables.

Ne sont pas compris non plus les spéculateurs en Bourse. Or, c'est là une catégorie de profiteurs tout à fait importante.

Certaines valeurs ont donné aux joueurs des bénéfices hors de toute pudeur.

Je ne parle même pas de certaines actions de deuxième ordre, comme la *Société Industrielle de Roanne*, dont le bénéfice rembourse le capital toutes les six semaines, mais les spéculateurs ont réalisés sur de grandes valeurs industrielles des gains extraordinaires qui ne sont assujettis « ni à l'impôt de guerre, ni à l'impôt sur le revenu ».

Voici quelques cotes.

FIRMES	1914	1917	AUGMENT
Mines d'Albi	452	586	30 0/0
Peugeot	516	800	35 0/0
Cartoucherie Toula	981	1378	40 0/0

FIRMES	1914	1917	AUGMENT.
Clarence	200	320	60 0/0
Usine Bonhey	100	165 50	65 50 0/0
Egrot	52	93	80 0/0
Bocuze	359	650	80 0/0
Mot. à gaz	62	166	167 0/0
Bi-métal	262	800	205 0/0
Alliage Cothias	92,50	290	215 0/0
Th. Schneider et Cie	39	125	220 0/0
Brasier (act. 100 fr.)	78	204	160 0/0
— (part.)	18	67 50	270 0/0
Hotchkiss	105	440	320 0/0

Ceci est déjà édifiant. Quant à ceux qui sont directement visés par la loi, il passeront aisément à travers les mailles du filet grâce aux truquages des bilans.

Voici un modèle :

La Société anonyme des Etablissements Continsouza, dont le capital est de 3.200.000 francs, a réalisé pour l'exercice 1916 un bénéfice de 5.343.397 fr. 10.

Voilà qui est net, brutal et précis. Ça l'est tellement que le Conseil d'administration a cru devoir masquer ces bénéfices scandaleux sous des euphémismes délicieux et des maquillages artistiques.

« Messieurs, dit le rapport de ce Conseil, les fabrications de la guerre ont encore absorbé toutes les forces vives de nôtre industrie.

« Aucune considération n'a pu entraver notre effort, ni les conditions onéreuses dans lesquelles nous avons dû édifier souvent en pure perte pour l'avenir des installations importantes, ni l'achat à des prix exorbitants des machines. »

Pauvres gens, édifier uniquement pour la Défense Nationale et en pure perte, et se faire encore exploiter honteusement par les fabricants de machines. C'est vraiment terrible.

« Mais nous avons eu confiance dans l'avenir et les destinées du pays. »

Et ils ont eu raison, aussi les résultats ne se sont-il pas fait attendre.

« ... Nous avons construit une usine à Tulle, nous avons triplé l'importance de notre matériel. »

Et tout cela, obervons-le, sans augmenter le capital, c'est-à-dire uniquement avec les bénéfices réalisés « ... nous avons plus que doublé le nombre de nos ouvriers; au lieu de travailler 9 à 10 heures par jour, nous travaillons 22 heures par jours. ».

Nous, c'est évidemment manière de parler.

« Nous avons donc plus que quadruplé nos moyens de production, il est tout à fait logique de voir l'échelle de nos bénéfices suivre le même programme. »

« Il ne faudrait pas oublier qu'au moment suprême du grand danger, nous avons, sans aucun autre calcul, et par pur esprit de patriotisme, tout risqué, même la ruine complète. »

La ruine de gens qui avaient déjà réalisé deux ou trois fois leur capital.

« C'est oublier aussi toutes les charges et tous les sacrifices qui nous ont été imposés et que nous avons acceptés à la faveur de l'Union sacrée.

« C'est pour cela qu'il nous a paru nécessaire de démontrer que les bénéfices, par nous réalisés pendant la guerre, n'avaient rien de scandaleux, ni même d'excessif, mais qu'au contraire, ils étaient tout à fait normaux. »

Et comment démontrer cela?

Oh, c'est bien simple!

Sur 5.343.397 fr. 10 de bénéfice, le Conseil d'administration propose de mettre de côté :

1° Dépréciation de matériel payé 10 0/0 trop cher et amortissement................... 933.491 46
2° 5 0/0 à la réserve..................... 220.495 20
3° 10 0/0 au Conseil d'administration...... 402.941 04
4° Provision pour risques imprévus........ 500.000 »

5° Amortissement des établissements........   317.780   »
6° Amortissement du matériel de Paris......   500.000   »
7° Amortissement des bâtiments...........:   546.000   »
8° Amortissement des installations de Tulle..   196.521 20
9° P. V. payée pour installation de guerre...   182.308 85
10° Prévision pour ramener, après la guerre,
  nos outils de Tulle et vu les difficultés pro-
  bables des transports.................   800.000   »
11° A reporter sur l'exercice 1917.........   79.807 61
              Total 3.762.417 76

Il restera donc à partager une somme de 800.000 francs, ce qui fera un dividende de 25 francs par action.

L'action Continsouza vaut actuellement 347 francs, cela fait donc environ du 7 0/0, c'est un bénéfice absolument normal.

Et voilà pourquoi votre fille est muette.

Seulement toutes ces sommes mises en réserve appartiennent aux actionnaires qui se trouvent à la tête d'un actif de près de 15 millions.

De telle sorte que ces actionnaires après avoir empoché des bénéfices qui atteignent non pas 7 0/0 mais 25 0/0, attendu que l'action Continsouza a **été émise à 100 francs et** que l fluctuations de Bourse ne sauraient cacher le véritable dividende, ces actionnaires qui ont déboursé un capital de 3.200.000 francs ont. en trois années de guerre, presque triplé ce capital.

Et les réserves, provisions et autres sophistications n'empêcheront pas qu'en la seule année 1916, un capital de 3.200.000 fr. n'ait rapporté 5.343.397 fr. 10, soit 167 0/0 de bénéfice.

Il est dès lors fort compréhensible que l'assemblée des actionnaires ait applaudi à tout rompre le couplet final du rapport du Conseil, qui mérite vraiment la citation :

« Comme nos héroïques soldats, auxquels nous renouvellons notre témoignage de persistante admiration, nous ne nous laisserons en rien détourner de notre tâche de guerre, nous continuerons jusqu'au bout sans témoigner la moindre défaillance, ni la moindre lassitude. »

A ce prix-là, évidemment, on peut faire bien les choses.

Mais avec ce bilan, composé de prévisions, provisions, amortissements et dépréciations, la taxe sur les bénéfices de guerre portera sur 800,000 francs et non sur « 5.343.397 francs ».

Toutes les Sociétés usent de ce truc très simple.

Sur *6 millions 813.502 francs* de bénéfices, la *Société des Forges d'Homécourt*, prélève pour ses amortissements 4.466.000 francs.

La *Société électro-métallurgique Paul Girod* avoue un bénéfice net de *1.495.265 francs*, elle amortit *6. 335.000 francs*, et en examinant son bilan, on s'aperçoit qu'elle a un bénéfice *réel* brut de *9.930.000 francs*.

La *Société Peugeot* a gagné dans son année *85 millions*. Elle commence par amortir son matériel pour *13 millions*, ensuite elle verse à sa caisse.

> 5.518.000 pour amortissement à venir (?)
> 4.500.000 pour provision de guerre (?)
> 6.750.000 pour fonds de prévoyance,
> etc., etc.

L'affaire est entendue.

Mais le gouvernement émet, paraît-il, des velléités de reviser les bilans.

Il faut trouver autre chose.

L'*Information*, du 24 juillet 1917, nous explique cet autre chose :

LA TRANSFORMATION DES RESERVES
EN ACTIONS NOUVELLES

Dans ces derniers temps, un certain nombre de sociétés importantes ont transformé leurs réserves en actions nouvelles et augmenté de la sorte leur capital. Cette décision leur a été évidemment inspirée par le désir de se mettre à l'abri, dans la mesure du possible, des conséquences des redoutables projets fiscaux que l'on prête au gouvernement. La prudence innée de leurs administrateurs leur a fait craindre que l'existence de grosses réserves, sinon dans les caisses, du moins dans les bilans des sociétés prospères n'exerçât une séduction irrésistible sur nos gouvernants, qui constatent chaque jour l'énormité sans cesse croissante des besoins du Trésor. Ne seraient-ils pas tentés quelque jour de mettre la main sur tout ou partie de ces réserves? Dans tous les cas, ne serait-il pas d'une sage politique de faire apparaître à l'avenir des bénéfices proportionnellement moindres, en ajoutant officiellement au capital les réserves qui constituent un capital auxiliaire souvent aussi important, parfois même davantage, que le premier? Tels sont sans aucun doute les motifs qui ont provoqué la transformation dont il s'agit.

Aussi vous voyez de temps à autre de petits entrefilets dans ce genre :

TRÉFILERIES DU HAVRE

La Société des Tréfileries du Havre a procédé au début de cette année à une augmentation de son capital social de 30 à 45 millions de francs, et, suivant une formule très en honneur depuis le début de la guerre, cette augmentation de capital s'est faite sans faire appel au crédit public, c'est-à-dire par simple répartition des réserves.

À chaque actionnaire, on attribue ainsi deux ou trois actions nouvelles sans qu'il ait rien à débourser, et le tour est joué. Il n'y a plus de réserves et la loi sur les bénéfices de guerre sert seulement à montrer aux électeurs bénévoles que le Parlement comme l'Enfer est pavé de bonnes intentions.

On verra tout à l'heure comment par ce moyen ingénieux, le sénateur *Ch. Humbert*, vice-président de la commission de l'armée, pour avoir acheté 200 actions *Salmson*, à 100 fr. l'une, soit 20.000 fr., s'est trouvé un beau jour avoir en poche 1.000 bouts de papier qui valaient ensemble « un million 725.000 fr. »

Ce qui prouve surabondamment que les pacifistes sont des rêveurs dangereux qui n'entendent rien aux affaires et qui pourraient compromettre, si on n'y mettait ordre, l'ascension des dividendes et l'harmonie préétablie.

Les Brochets

Je me suis occupé dans cette brochure de quelques gros requins, mais il y a encore un certain nombre de brochets de toutes tailles qui, de la guerre ont fait un profit. et de la mort de millions d'hommes fauchés en pleine jeunesse, une source intarissable de bénéfices.

« Il y a quelques temps, à la préfecture des Pyrénées orientales, on vit arriver quelques officiers plus ou moins galonnés, l'un était notaire, un autre avocat. Ils se disaient chargés de missions économiques. Bien entendu ces Messieurs ignoraient tout du département des Pyrénées orientales, mais il y a une chose qu'ils n'ignoraient pas; c'est que le préfet avait une automobile. La première chose qu'ils ont faite a été de demander l'automobile du préfet, pour aller se promener dans ce département, qui d'ailleurs est fort pittoresque.

Savez-vous qui, ces derniers temps on a chargé de faire les achats de légumes en Espagne? Le service de santé! En sorte que ce sont des médecins et des pharmaciens qui sont maintenant chargés d'acheter les petits pois, les haricots et les lentilles. Il est vrai qu'on avait précédemment chargé de cette besogne un grand couturier de Paris.

Or, la dépense de personnel, voyages et frais généraux de ces missions bizarres s'est élevée en 1917 à « 13 millions ». (Emmanuel Brousse, discours à la Chambre, 24 septembre 1917.)

Je passe sur ces patriotes sans peur et sans reproche qui en attendant l'heure de la Victoire cumulent tranquillement dans quelque sous-préfecture méridionale leurs appointements civils et leurs soldes militaires. Voici un ingénieur principal qui a son traitement de 13.000 fr., ajouté 8.000 fr. de ses 3 galons : ci 21.000 fr.; cet autre qui additionne 6.000 plus 5.112, soit 11.112 fr. et ce modeste sous-chef de gare bénissant la guerre qui bonifie ses 3.600 fr. annuels, d'une somme de 4.032 fr. que lui vaut son grade dans l'armée française.

Ceux-ci sont des brochets comme sont brochets les honorables commerçants qui passent au pauvre diable de consommateur, des boniments sur l'Alsace et la Lorraine, et des haricots vieux de trois années avec le sourire : « Que voulez-vous, mon pauvre Monsieur, c'est la guerre, mais on les aura. A bas les boches! » Et qui, ce disant, vous compte deux sous de plus, et vous met 50 grammes de moins.

Le charbon, le vêtement, la chaussure, l'alimentation ont été les champs-d'action favoris des mercantis et des spéculateurs.

On se rappelle l'histoire des taxations qui pour le beurre, les fromages, etc., raréfiaient le marché, lequel redevenait abondant le jour où la taxation était supprimée.

« Pas de victuailles, ou des victuailles au prix que je voudrais » disait le gros marchand. Et le gouvernement, se déclarant impuissant, supprimait la taxation et laissait le champ libre à l'exploitation intensive du malheur universel.

Parfois les journaux nous enseignent que :

Douze laitiers d'Ille-sur-Têt viennent d'être condamnés par le tribunal correctionnel de Prades à des amendes variant de 20 à 30 fr. pour coalition tendant à provoquer la hausse du lait.

Ou que :

Le parquet de Marseille, décidé à sévir contre les accapareurs, a ouvert depuis trois jours une enquête au sujet des agissements de plusieurs courtiers et notamment d'une maison de commerce qui, à elle seule, emmagasine, en ce moment, plus d'un million de litres d'huile comestible.

La rareté actuelle de cette denrée de première nécessité, à la suite des grosses qualités exportées en Suisse, lui a fait subir une hausse continuelle et le prix du litre est aujourd'hui de 4 fr. et plus, soit plus du double du prix d'avant-guerre.

Cautères sur jambes de bois.

La guerre attire les rapaces. Ils s'abattent sur tous les champs de bataille de l'activité humaine et leur vol est si dense qu'un coup de fusil par ci, par là, ne saurait les supprimer..

L'Affaire Bolo-Pacha

Trois années d'une guerre effroyable n'ont pas été sans amener dans l'âme des peuples une lassitude que les plus mirifiques espoirs de conquête ou de gloire n'arrivent pas à diminuer.

Censuré

L'affaire *Bolo-Pacha* déchire le voile à l'abri duquel les charognards perpètrent leurs agissements criminels.

Le 22 septembre 1917, le député social-démocrate *Landsberg* interpellait le ministre de la guerre *Stein* sur la propagande pangermaniste que fait depuis quelque temps dans l'armée allemande, une organisation formidablement outillée et disposant de fonds considérables, la *Ligue de la patrie allemande*.

Landsberg rappelait dans son discours que la majorité du *Reichstag* s'était, le 19 juillet dernier, prononcée pour une paix de conciliation sans indemnité ni annexion, vote qui reflétait la volonté quasi unanime du peuple, et il s'indignait de la propagande agressive, annexioniste et d'un guerrierisme outrancier de la *Ligue de la Patrie allemande*. « Cette propagande, dit-il, ne peut avoir qu'un résultat, exaspérer les peuples de l'Entente, et par là même, perpétuer la guerre. Il est vrai, ajoutait-il, que cela servira les intérêts des promoteurs et des commanditaires de la « Ligue de la patrie allemande » : *les grands métallurgistes de l'Empire, Krupp en tête.* »

Ceci était déjà édifiant : les fabricants de canons, réchauffant l'enthousiasme guerrier des populations fatiguées, pour conserver le plus longtemps possible, leurs fantastiques dividendes.

Mais cette propagande risquait d'être inefficace. L'espoir lointain et hypothétique d'incorporer à l'Empire, le bassin de Briey et même la Champagne, pouvait n'être pas un motif suffisant pour inciter les paysans de Bavière, ou les ouvriers de la Ruhr, à supporter encore plusieurs années, les privations les plus douloureuses, les souffrances physiques, et les tortures morales, et à affronter sans murmure l'horreur des carnages.

Il fallait autre chose.

Il fallait s'efforcer de démontrer aux masses germaniques, que l'Entente voulait les avaler tout cru, les exterminer, et que, pour éviter cette fâcheuse perspective, elles n'avaient qu'un moyen : *lutter jusqu'au bout,* c'est-à-dire jusqu'à ce que les poches de *Krupp,* de *Thyssen,* de *Belgral* et consorts, soient remplies à en crever.

Et pour démontrer cela le plan des charognards prussiens était simple : d'une part, comme le disait *Landsberg,* exaspérer les peuples de l'Entente par une propagande ennexioniste enragée, d'autre part, acheter certains journaux alliés, subventionner certaines ligues panceltiques pour pouvoir dire au peuple allemand, comme l'a fait le chancelier *Michaelis* au *Reichstag* : « La presse alliée montre tous les jours ses désirs de conquête, les gouvernements de l'Entente veulent anéantir l'Allemagne, à nos offres de paix on répond par la volonté de nous dépécer. Peuple allemand, si tu veux vivre, il faut vaincre. »

Bolo servit d'intermédiaire pour cette besogne. *Bolo* était une de ces fripouilles honorables qui, au hasard du sort, finissent à *Fresnes* ou bien chevalier de la Légion d'honneur.

Longtemps errant entre ces mille métiers que l'impécuniosité propose aux faméliques, Courtier en vins et démarcheur, agent d'affaire et bonneteur, coiffeur et placier en... denrées de luxe et de volupté, *Paul Bolo* attendait la fortune qui se manifesta sous les espèces de *Mme veuve Muller*, vague chanteuse de café-concert dont les jambes remarquables avaient jadis enchanté, un M. *Muller*, millionnaire et valétudinaire.

Et dès lors, *Bolo* bondit au faîte de l'édifice social. Nommé *Pacha* par la grâce du khédive d'Egypte, et le truchement d'une autre chanteuse *Mlle Lafargue*, il devint l'hôte du Tout Paris mondain. Honoré de l'amitié des plus hauts magistrats de la République, il eut pu, comme tant d'autres, mourir honoré, décoré et muni des sacrements de l'église.

Mais *Bolo* était « plein de faim », comme dit le poète. Et cela le perdit. Il devint la proie des émissaires de *Krupp*, qui dans ce personnage sans scrupule, haut placé, bien pensant, mariné dans « les huiles » et même dans les « saintes huiles » trouvèrent l'homme propice à satisfaire leurs combinaisons.

Et dès lors, l'affaire est simple.

M. Hugo Schmidt, directeur de la « Deutsche Bank », faisait verser chez *Ansyck et Cie*, à New-York, au compte de Bolo, une somme de 8.415.000 fr. d'après les chiffres donnés par l'attorney général *Lewis*.

Avec ces millions *Bolo* subventionnait différents journaux annexionistes français, tandis qu'avec d'autres millions, le député *Cavallini*, autre agent de la « Ligue de la Patrie allemande » commanditait un certain nombre d'organes interventionnistes italiens.

Les campagnes tapageuse menées par *le Journal* pour l'augmentation des canons, et l'annexion de la Prusse rhénane, par le *Rappel* pour la conquête de la rive gauche du Rhin, avec des têtes de pont sur la rive droite, et par certains autres journaux et certaines ligues (comme la ligue panceltique, la ligue du Souvenir, Souvenez-vous, etc.) étaient ainsi payées avec l'or de *Krupp* et de la *Waffenfabrik*.

Et lorsque des bancs du Reichstag, ou des entrailles du peuple allemand, montaient des cris de révolte et des appels désespérés, *Michaelis*, l'homme des hobereaux et des charognards, brandissait cette prose féroce et démontrait, devant cette implacable volonté d'anéantir l'Allemagne, la nécessité de continuer la guerre jusqu'au bout.

Cependant qu'ici l'*Echo de Paris*, la *Liberté*, ou l'*Action Française* tenait un langage analogue, en reproduisant les articles empreints de barbarie et de cynisme des journaux pangermanistes de la « *Ligue de la Patrie allemande* ».

Et, malgré le désir unanime des peuples, la guerre durait toujours, et les bénéfices des profiteurs croissaient dans d'effantes proportions.

Ces choses sont si évidentes qu'un ancien ministre, M. Victor Augagneur, écrivait dans *la Petite République* (3 oct. 1917) :

N'est-il pas évident que certaines campagnes de presse ou de réunions, comme celles du *Rappel* et du Comité de la rive gauche du Rhin, ne pouvaient que favoriser les manœuvres du chancelier? A de prétendus documents diplomatiques il joignait des manifestations qu'il voulait considérer comme l'expression de l'opinion publique en France.

Il fallait au gouvernement du kaiser des arguments prouvant les intentions annexionnistes de la France. Ces arguments, il les trouvait dans des journaux comme le *Rappel*, de très bonne foi, très patriotes, et il s'en réjouissait.

Qu'y aurait-il d'étonnant, dans ces conditions, à ce que Bolo, s'il fut agent allemand, ait placé, à bon escient, son argent dans des entreprises qui, sans s'en douter, servaient la poltique machiavélique de Berlin.

Berlin avait intérêt à ce que vivent, durent des feuilles dont les articles étaient exploités comme des manifestations des convoitises françaises.

En subventionnant une feuille aussi nettement antiallemande que le *Rappel*, Bolo ne perdait pas son argent.

Et puis qui soupçonnerait *M. du Mesnil*, général français, ou *M. Charles Humbert*, sénateur, d'être les courtiers de la *Waffenbrik*?

Ils croyaient bénévolement défendre en ardents patriotes la France, ou, tout au moins, les intérêts des capitalistes français. Ce n'est pas leur faute si leur verbe enflammé servait également les intérêts des métallurgistes allemands.

C'est à peu près ce que dit Ch. Humbert dans toute sa page du *Journal* (16 oct. 1917

Et cette histoire vaut d'être contée.

Le *Journal*, comme le *Figaro*, était, pour des raisons encore obscures, convoité par des clans ennemis.

Le sénateur Humbert raconte quelles luttes il dût soutenir pour arracher ce grand organe français (1.500.00 ex.) à une coalition de pacifistes teutons qui, par le truchement des sieurs *Lenoir* et *Desouches* allait s'en emparer. Le malheur est que pour sauver le *Journal* des griffes des pacifistes allemands, *Humbert* dût se servir des 6 millions de la *Deutsche Bank*, prêtés par Bolo. En sorte que le journal, échappé des mains pacifistes allemandes, tombait entre celles des pangermanistes.

Ce pauvre sénateur n'y était pour rien, je veux le croire. Sa fameuse campagne « Des canons, des munitions » était inspirée par les plus élevés sentiments patriotiques, et aussi, — car telle est l'amère destinée que le patriotisme et les affaires sont souvent corollaires, — par le désir de faire prospérer l'industrie française.

Car M. Humbert cumule les honorales fonctions de directeur de journal, de capitaine d'artillerie, de missionnaire pour la guerre et de sénateur lorrain, avec celles, non moins honorables, d'actionnaire du *Creusot*, de *Salmson*, et de membre du *Steel Trust*. Ce cumul lui a d'ailleurs permis de se payer, en pleine guerre, deux châteaux remarquables, dont le castel somptueux et historique du Mesnil-Guillaume.

Il narre lui-même avec candeur sa participation à l'entreprise Salmson.

Laissons le parler :

En 1913, un de mes meilleurs amis, M. Salmson, ingénieur de haute valeur et constructeur de moteurs d'aviation, a mis son entreprise en société.

J'ai souscrit à la formation du nouveau capital et j'ai racheté à mon ami quelques actions d'apport. Je suis devenu ainsi propriétaires de 200 actions de la Société des moteurs Salmson. Ces actions, subdivisées par la suite chacune en cinq, sont ainsi devenues 1.000.

L'affaire, à l'origine, ne paraissait pas réservée à un brillant avenir, et c'était surtout pour soutenir les efforts méritoires autant qu'intéressants de mon ami que je m'y étais associé.

La guerre est survenue.

Je me suis félicité davantage encore d'avoir contribué, *par ma modeste participation*, au maintien d'une importante fabrique qui aurait probablement disparu sans les concours trouvés en 1913, et qui a rendu de précieux services à la défense nationale.

La campagne « Des canons, des munitions » était, en effet, une modeste participation dont Ch. Humbert peut se féliciter, puisque grâce à elle, l'entreprise *Salmson*, à la veille de crouler en 1913, possède, en 1917, une réserve de 35.779.000 francs, que ses bénéfices se sont élevés, en 1916, à *26 millions* avec un capital de 2.400.000 francs, et que les 200 actions souscrites par ce philanthrope à raison de 100 francs l'une, sont devenues 1.000 actions, qui valent aujourd'hui 1.725.000 francs.

Il est souhaitable, vraiment, pour le bien de chacun, que l'on continue longtemps encore à fabriquer en quantité des canons, des munitions et des moteurs d'aéroplanes.

Ch. Humbert explique aussi, dans le même numéro du *Journal*, qu'il fut chargé, en septembre 1914, d'une mission en Amérique pour le compte du ministère de la Guerre, à l'effet de passer divers marchés d'artillerie.

Chargé également d'une commande de 200.000 couvertures, il est accusé par Bolo d'avoir touché 1 million de commission sur ce marché, million qui fut versé, en 1915, au compte de M. Ch. Humbert à la banque J. P. Morgan, de New-York, par des mains encore inconnues.

M. Humbert prétend que ce sont là des fonds par lui gagnés honorablement. Je veux le croire, tout en le félicitant de sa prospérité soudaine, puisqu'au procès par lui intenté au *Matin* en 1909, il avouait avoir, pour toutes ressources :

1° Son indemnité parlementaire, soit Fr.   15.000
2° Le revenu de la dot de Mme Humbert   2.500
                                        ____
                                   Fr.   17.500

Il est vrai qu'à quelques temps de là, il était nommé agent général des automobiles Darracq aux appointements de 12.000 francs par an avec, en plus, un tant pour cent sur les camions vendus. Et comme par hasard, le sénateur Humbert était, en même temps, rapporteur du budget de l'armée, il faisait voter un crédit de 100.000 francs pour l'achat de poids lourds Darracq. Le représentant du peuple aidait aux affaires du représentant de commerce.

Aujourd'hui il reconnait dans une lettre à *M. Mathews*, directeur de la *Bethleem Steel Cie*, que le prix des couvertures par lui achetées était très élevé, si élevé que le gouvernement français prit prétexte d'un retard futile pour résilier le marché, alors qu'il restait encore 95.000 couvertures à livrer.

, Passons!

Notons seulement cette défense de la *Bethleem Steel Cie*, qui vaut son pesant dollars.

On remarquera encore la personnalité du fournisseur. C'était à la Bethlehem Steel C° que je m'étais adresse, bien que cette grande entreprise de métallurgie ne fût pas spécialement qualifiée en matière de couvertures.

Mais il fallait agir d'urgence; or, venu à New-York essentiellement pour m'y occuper des choses de l'artillerie. j'étais entré en relation avec cette puissante société, où j'avais trouvé, je l'ai dit déjà, le plus sympathique accueil et les dispositions les plus amicales envers la France. L'idée m'était donc venue de m'adresser, pour les achats que me demandait le gouvernement, à cette maison. en relations avec toute l'industrie américaine et qui considérerait cette affaire comme une simple occasion de rendre service et de prouver sa bonne volonté à la France.

Je ne me permets pas de douter des dispositions amicales de la *Bethleem Cie* pour la France, et encore moins de l'accueil sympathique qu'elle réserva à Ch. Humbert. J'en doute d'autant moins que grâce aux commandes du sénateur de la Meuse, la *Bethleem Steel Company* réalisa sur son exercice de 1915-1916 un bénéfice net de 225 millions de francs (d'après l'American Review of Review n° de février 1917).

Mais voici que les profiteurs français escomptent leur revanche. Lisez l'annonce suivante parue dans l'*Information* du 28 juillet 1917.

Lisez, lisez bien et pesez la dose effrayante de cynisme ou d'inconscience qu'il faut aux tripoteurs de la Bourse, et aux forbans de la Finance pour déclarer publiquement aux millions de mutilés et d'estropiés, aux millions de veuves sanglotantes, d'orphelins gémissants, de mères douloureuses, en face des foyers dévastés, des pays détruits, des ruines irréparables, au milieu d'une humanité qui pleure, qui souffre, qui saigne et qui meurt, pour déclarer joyeusement que le développement et la durée accrue de l'effroyable massacre permet « d'escompter des surcroîts de bénéfice » et ouvre des « perspectives très intéressantes.

De nouveau les valeurs métallurgiques françaises sollicitent l'attention de la spéculation *qui escompte les surcroîts de bénéfices à provenir des travaux pour la guerre*. C'est qu'un événement nouveau vient de se produire qui ouvre des horizons plus larges que ceux précédemment envisagés. Cet événement, c'est la décision prise par le gouvernement américain d'adopter pour ses armées qui viendront combattre auprès des nôtres, notre matériel français, et d'en confier l'exécution à nos usines. La fabrication des canons, mitrailleuses, munitions, etc., va se trouver ainsi largement accrue.

Il y a donc des perspectives très intéressantes qu'il est légitime d'escompter.

Ah! je vous l'ai dit : les charognards n'entendent pas lâcher leur proie.

Responsables de la guerre, qu'ils ont préparée en intensifiant l'armement mondial, en attisant le régime volcanique de la « paix armée », en suscitant par leur presse les sentiments de haine de peuple à peuple, en intriguant par leurs diplomates, en forgeant, par leurs mensonges une opinion publique favorable à leurs projets criminels....

Responsables de la guerre qu'ils ont déchaînée le jour ou ne pouvant plus s'entendre avec les rapaces des autres pays, pour exploiter l'humanité, ils ont cru expédient et propice de les manger,....

Responsables de la guerre dont ils vivent et dont ils prospèrent, les charognards ont tout à perdre à sa cessation.

Maîtres des gouvernements, des parlements et des journaux, ils font durer la guerre *le plus longtemps possible*.

Je les accuse ici devant les peuples et devant l'histoire après avoir perpétré le grand crime, de le perpétuer.

Conclusions

Quelles conclusions donner à cet écrit? Je suis intimement convaincu que le régime capitaliste basé sur la concurrence porte la guerre en lui et que toutes modifications qui ne toucheront pas à la base même du capitalisme seront superficielles et vaines.

La suppression de la guerre, est liée indissolublement au problème social. Il y a bien longtemps que dans nos brochures et nos livres nous en avons étudié la solution. Fasse que le terrible cataclysme abattu sur les hommes hâte la venue de la société fraternelle que nous avons conçue! Là seulement est le salut...

Maintenant, quant à ce qui regarde plus précisément les profiteurs de la guerre, le régime censorial ne me permettrait pas de dire ma pensée, mais je puis vous raconter une petite histoire :

« Le 22 juillet 1789, une foule criait véhémentement sur la place de l'Hôtel-de-Ville de Paris, en traînant deux hommes pâles et tremblants. Ces hommes c'étaient *Foullon et Berthier*. *Foullon* était un ancien conseiller d'Etat que Louis XVI avait chargé d'approvisionner l'armée de siège, mais qui, au lieu de nourrir les soldats, les affamait, tandis que *Berthier*, président du Conseil du roi spéculait sur les victuailles civiles et emplissait tranquillement son coffre-fort, tandis que le peuple mourrait de faim. Mais le 22 juillet 1789, ces deux charognards ne riaient plus, la Révolution avait été les chercher, l'un à Tour, l'autre à Compiègne où ils digéraient en paix sur leurs larcins, et maintenant sur la place de l'Hôtel-de-Ville, ils n'en menaient pas large.

« *Berthier* fut massacré en un clin d'œil; mais *La Fayette* qui se trouvait là voulut sauver *Foullon*, il commanda à ses soldats de s'emparer de lui et de le conduire à la prison du Châtelet.

Mais le peuple refusa de le livrer et tandis que les soldats pour exécuter l'ordre de La Fayette se battaient avec les hommes des faubourgs, quelques ouvriers pendirent *Foullon* à un reverbère, puis on lui coupa la tête en cérémonie, et une tricoteuss s'en emparant, la brandit devant *La Fayette* en hurlant avec une joie vengeresse :

« LAISSEZ PASSER LA JUSTICE DU PEUPLE. »

Septembre 1917. MAURICIUS.

FIN

TABLE DES MATIÈRES

" LA FRATERNELLE "

55, Rue Pixérécourt, 55

o o PARIS (20e) o o

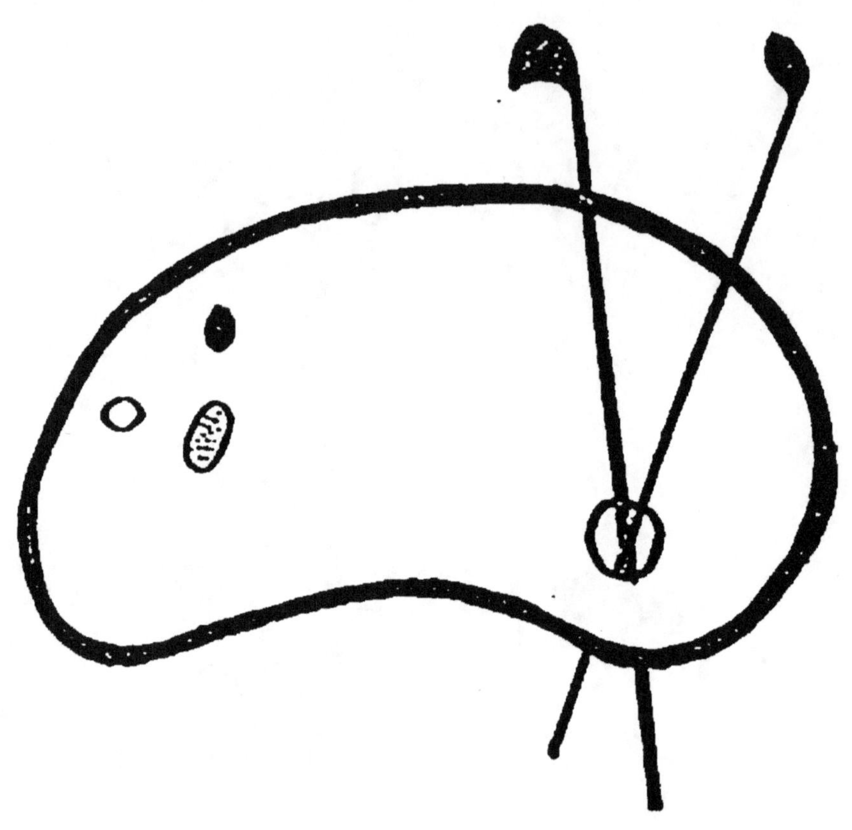

ORIGINAL EN COULEUR
NF Z 43-120-8